謝辞

この本は、時間と手間をおしまない、多くの熱心な方々の協力なくしては生まれませんでした。なによりも7家族のみなさまには、生活を見せていただいたうえ、それぞれを登場人物としてぼくの感じたままにえがくことをゆるしていただきました。ご協力に感謝いたします。

何千キロも離れたところから手をさしのべ、この絵本に登場する家族をみつけてくれた友達、家族、友達の友達すべてにも「ありがとう」をおくります。

[協力してくださった方々(順不同)]

Julia Rothman, Jessica Rothman, Margaret Bryer, Hillary Pius, Tanya Levshina, Marylin Schweitzer, Alexis Mahon, Appu Mahajan, Dima Gershenson, Angel Verástegui Gubler, Fernando Aspajo Hidalgo, Ilaria Falorsi, Nina Weida, Anna Dyachenko, Elya Tagirova, Adam Lamothe, Ali Kiani, Masoud Sobhani.

そして、もちろん、クロニクル・ブックスのみなさんと、考えぬかれた助言とはげましの言葉をくださったすばらしい編集者アリエル・リチャードソンにも感謝します。

ジェニーへ

THIS IS HOW WE DO IT One Day in the Lives of Seven Kids from around the World by MATT LAMOTHE.
Copyright © 2017 by Matt Lamothe.

All rights reserved.
First published in English by Chronicle Books LLC, San Francisco, California.
Japanese translation rights arranged with Chronicle Books LLC, San Francisco, California through Tuttle-Mori Agency, Inc., Tokyo.

デザイン―――小沼宏之[Gibbon]

わたしのくらし 世界のくらし
地球にくらす7人の子どもたちのある1日

2018年7月　初版第1刷発行
2025年2月　初版第3刷発行

作・絵―――マット・ラマス
訳―――おおつかのりこ
発行者―――三谷光
発行所―――株式会社 汐文社
　　　　　〒102-0071　東京都千代田区富士見1-6-1
　　　　　TEL 03-6862-5200　FAX 03-6862-5202
　　　　　https://www.choubunsha.com
印刷―――新星社西川印刷株式会社
製本―――東京美術紙工協業組合

ISBN 978-4-8113-2507-1

乱丁・落丁本はお取り替えいたします。
ご意見・ご感想はread@choubunsha.comまでお寄せ下さい。

わたしの
くらし
世界の
くらし

地球にくらす
7人の子どもたちの
ある1日

作・絵
マット・ラマス

訳
おおつかのりこ

本文で下線が引かれている言葉は、
P44–45の「用語集」でくわしく説明しています。

chronicle books･san francisco

イタリア

ぼくの名前はロメオ。
みんなは、ぼくを「メオ」ってよぶよ。8歳です。

日本

わたしは、けい。
みんなから「けいちゃん」とよばれるの。9歳です。

ウガンダ

わたしはダフィン。
よび名は「アブウォーリー」。7歳なの。

ロシア

ぼく、アレグ。
みんなに「アレジュカ」ってよばれている。8歳なんだ。

はじめまして

ペルー
ぼくの名前はリバルドだけど、
みんなに「ピリネオ」ってよばれてる。11歳だよ。

インド
わたしの名前はアナーニャ。
「アヌ」ってよばれてる。8歳よ。

イラン
ぼくはキアンです。
7歳だよ。

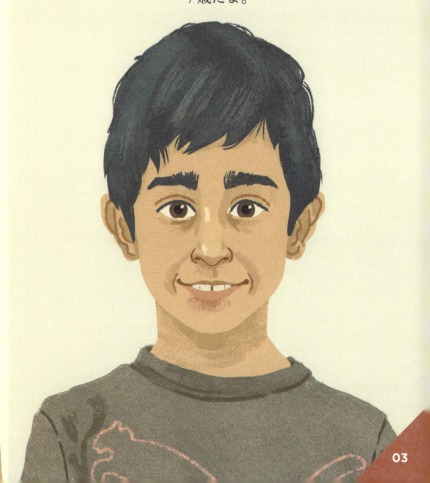

住んでいるところ

ロシア
ウチャリにある集合住宅の2階がぼくの家。
ウチャリはウラル山脈の近くの鉱業の町なんだ。

ペルー
ぼくのロスナランホス村はアマゾンの熱帯雨林のなかにある。ぼくらはそこで、お父さんが建てた家に住んでいる。

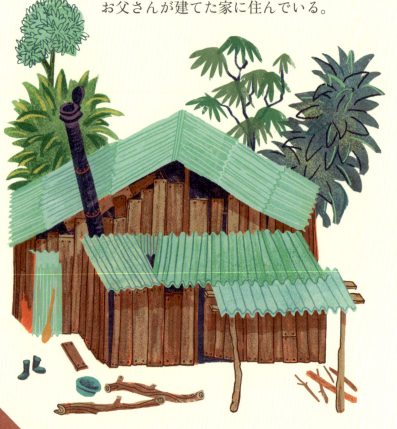

日本
わたしの家は東京都にあるの。
東京は、世界でも大きな都市のひとつだよ。

ウガンダ

わたしは、カニャワラという村で、
木と泥でできた家に住んでいるの。

イタリア

コドリニャーノ村に住んでるよ。
家のうらには、ワイン用のブドウ畑がある。

イラン

カスピ海のそばにあるゴルガーン市に住んでるよ。
家は集合住宅の2階にあるんだ。

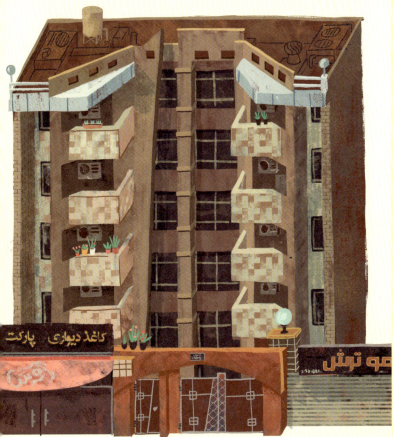

インド

ハリドワール市にある集合住宅の1階に
住んでいるの。ガンジス川の上流にある市よ。

イラン
お母さんの名前はマフサ。
お父さんはモハンマド、弟はアランだよ。

インド
お母さんはシヴィ、お父さんはモヒット、
妹はアニカという名前です。

日本
お母さんの名前はゆき、お父さんはだい。
妹は、なおっていうの。

イタリア
お母さんの名前はフランチェスカで、お父さんは
オスカル、お兄ちゃんはウゴで、お姉ちゃんはミラだよ。

うちの家族

ペルー
お母さんの名前はソフィア、お父さんはイサイヤス。弟はネイセルとエベル、妹はネイダ。ほかにもきょうだいが4人いるけど、もういっしょには住んでいない。

ウガンダ
お母さんはビートレス、お父さんはピーター、お兄ちゃんはロジャーという名前だよ。

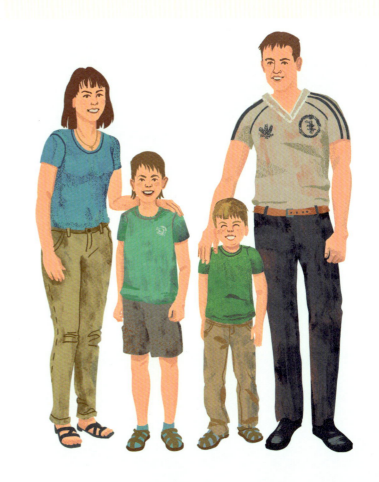

ロシア
お母さんの名前はカチャ、お父さんはアリベルト、それに弟はアルチョムっていうんだ。

日本

学校に着ていく服は、自分でえらぶんだ。
ボーダーのワンピースと、かわいい靴下が好き。

イラン

制服のジャケットには、最初からシャツのえりの部分が
ぬいつけてある。だから、シャツは着なくていいんだよ。

イタリア

日によって、着ていく服はちがうけど、
いちばん好きなのは、恐竜のセーター。

ペルー

制服はない。いつもは、Tシャツにズボン、
それにライオンのバックルがついたベルトをする。

学校に着ていく服

ロシア
男子は、白いシャツに黒いスーツを着て、ネクタイをしめないといけない。だけど、靴下は自由なんだ。

インド
制服を着るときにはいつも、学校用のIDカードを首からかけるの。ネックレスみたいにね。

ウガンダ
学校では、みんな同じ赤いTシャツを着て、緑の短パンをはいているのよ。

うちの朝ごはん

イラン
バルバリというパン、たまご焼き、
フェタチーズ、クルミ、
あまいお茶。

ペルー
チキンとピーマン入りの炒めごはん、
うす切りにしてゆでたプランテン、
ホットミルク。

ウガンダ
マトケと肉の煮こみ、
パン、たまご焼き、
牛乳。

イタリア

ヌテラをぬったトーストと
カスタードドリンク、
それに紅茶。

ロシア

牛乳とバターで煮た
オート麦のカーシャ、
ファーマーチーズ、
パン、りんごジュース。

インド

パニールパラタにトマトチャツネをつけて。
飲み物は牛乳。

日本

ごはんにふりかけ、
みそしると、タラの焼き魚。
デザートは切ったオレンジ。

毎日の通学路

日本

家や店がならぶ商店街を、ひとりで歩いて学校に行く。喫茶店の前では、コーヒー豆の、いいにおいがするんだ。横断歩道をわたらせてもらうときには、「おはようございます」とあいさつするよ。

ロシア
とちゅうに大きな集合住宅や、
モスクや、キリスト教会があって、
ネコがひなたぼっこしているんだ。
遠くにはイレメリ山がみえるよ。

ペルー
弟と妹といっしょに、大きな道路ぞいを歩いていく。
たまにくだものの屋台によって、
おやつのあまいパンを買ったりする。

イラン
お父さんかお母さんが
車で送ってくれる。
工事現場や会社のビル、
仕事に行く人たちの横を
ヒューンととばしていくんだ。

イタリア
スクールバスに乗って、谷をこえ、川をわたり、
ブドウ畑やオリーブ畑のわきを走っていくよ。
ヒツジをつれたヒツジ飼いをみかけることもある。

ウガンダ

友達といっしょに、30分かけて歩いていくの。
とちゅうで自転車に乗った人に会ったりする。
道のわきには、ユーカリや
バナナの木がはえているよ。

インド

お母さんが、わたしと友達をワゴン車で
送ってくれる。ホテルや店がならぶ通りは
こんでいるけど、そんな道路を牛が自由に
歩きまわっているのよ。

学校の先生

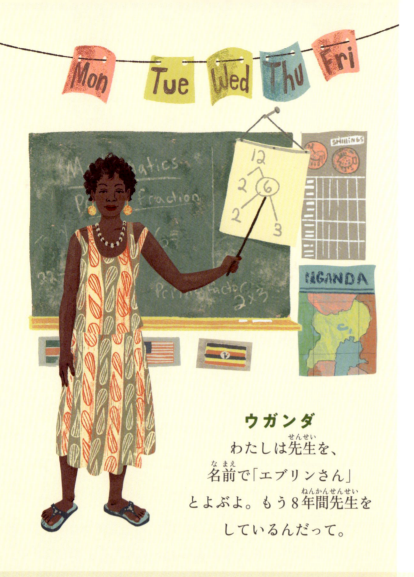

ウガンダ
わたしは先生を、名前で「エブリンさん」とよぶよ。もう8年間先生をしているんだって。

インド
わたしたちの「アールティ・バトラ先生」は、先生になって4年たつの。

ロシア
先生のことは「スウェトラナ・アナトーリィェヴナさん」とよぶ。36年も教えているんだって。

ペルー
「ペドロ先生」
とよんでる。
26年目の先生だ。

日本
「先生」とよんでるよ。
わたしの先生はもう12年間
教えている。

イタリア
名前で「ルイザさん」ってよぶ。
先生になって20年なんだって。

イラン
先生のよびかたは、
「ハーノム・モアッレム」。
6年間、先生をしているよ。

インド

時間割りには算数、ヒンディー語、英語のほかに、
広い知識という時間や、価値教育という時間もあるの。

日本

学校のなかでは
白いうわばきをはいている。
そうじは毎日
自分たちでするよ。
算数、理科、
国語、社会のほかに
道徳の時間がある。

授業のようす

ペルー

小さな学校なので、5年生と6年生の14人で
ひとクラスなんだ。
毎日、いろいろな教科を勉強する。
下校時間は午後1時。

ロシア
ぼくらは3つの言葉を習っている。
ロシア語、英語、それにバシキール語。
1年生から4年生までが同じ教室で
ずっといっしょに、同じ先生と勉強するよ。

ウガンダ
学校は私立。家から遠いところにあるので、
ふだんは学校に近いおばあちゃんの家から
通ってるの。クラスの人数は男女あわせて69人。
算数、読み書き、宗教の勉強などをしているよ。

イラン
ぼくの学校は男子校だよ。
ペルシャ語の読み書きと、
算数、理科、クルアーンなどを
習ってる。

イタリア
校外学習がたくさんあって、
公園や森に行ったり、
ほかの町にある博物館に
行ったりする。
それから、学年の最後には
劇の発表会があるんだ。
登校は8時で、下校は4時。

名前の書きかた

ロシア
ぼくらのロシア語は
キリル文字を使うよ。

ペルー
スペイン語は
アルファベットを使って書く。

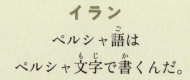

イラン
ペルシャ語は
ペルシャ文字で書くんだ。

ウガンダ
トロ語と英語の両方で書いたの。
文字はどちらもアルファベット。

日本
これは日本語の
漢字という文字。

インド
ヒンディー語を
デーバナーガリー文字で書いたの。

イタリア
これはイタリア語。
アルファベットを使って書くよ。

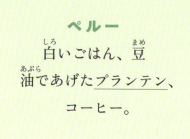

ペルー

白いごはん、豆
油であげたプランテン、
コーヒー。

＊昼ごはんは家に帰って食べる。

イラン

アダスポロ、なまの青菜とハーブ、
サラダ（トマト、きゅうり、たまねぎに
ライム汁をかけて）、水。

ロシア

バターを落とした大麦のカーシャ、
チーズをのせたパン、
あまい紅茶。

インド

チャパティとオクラ。
それにチョコビスケットと
水。

昼ごはん

日本
チキンカツとごはん、スープ
(きゅうり、とうふ、わかめ)、
サラダ、そして牛乳。

イタリア
セージとチーズの
ラビオリ、それに水。

ウガンダ
マトケの
トマトソース煮こみ、
それに水。

放課後
ほうかご

ウガンダ
学校の友達と
なわとびをするの。

イタリア
うらの山で、石のとばしっこをするよ。
どっちが遠くまでとばすか勝負だ。

ロシア
たいていの日は、
アイスホッケーの練習をする。
チームに入っているんだ。

インド
友達みんなで公園に集まって、
「ルマル・チョール」をするの。

日本
家のとなりの公園で、
友達と「こおりおに」をする。

お手伝い

ウガンダ
庭をほうきではいて、
きれいにするよ。

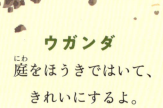

インド
洗濯物を、つなにかけて
ほすの。

イタリア
うちの4ひきのネコと、いつも遊びにくる
のらネコにえさをあげる。

ペルー
うちの畑で育てている
トウモロコシの世話をする。

ロシア
ゆかや
じゅうたんに、
掃除機を
かけるよ。

イラン
弟のめんどうをみてる。

日本
夕ごはんづくりの
お手伝い。

イラン
週末には家族みんなが
そろって食べる。
でも、ふつうの日は、
ぼくとお母さんと弟だけで、
9時ごろにキッチンで食べるんだ。
この日は焼いたチキンと、
サラダ（トマトときゅうり）、
ヨーグルト、パン。
飲み物は水。

ロシア
6時ごろ、
キッチンでみんなで食べるよ。
サラダとマッシュポテト、
カトリェーティのチーズソースがけ
（ぼくの大好物）、あとはパン。
デザートにお母さんが、
コンデンスミルクをかけた
オラディとクッキーと
紅茶をだしてくれたよ。

うちの夕ごはん

イタリア
ふつうの日は、ばらばらになったりするけど、
休みの日には、家族みんながそろうよ。
8時ごろに、キッチンに集まって、
ボロネーゼソースとベシャメルソースのラザニアを食べるんだ。
飲み物はピーチアイスティーと水。

ウガンダ

夜の10時ごろ、大きな木のテーブルで
お兄ちゃん、お母さん、お手伝いさんと
いっしょに食べるの。
この日は、マトケにジーナッツソースを
かけたものと、牛乳。

日本

お父さんと、お母さんと、
妹といっしょにテーブルをかこむよ。
時間は7時くらい。
よく食べているのは、
タルタルソースをかけた
サケのフライ、ごはん、
サラダ（りんご、きゅうり、ツナ）、
とうふ、みそしる、
それに水か牛乳。

インド
9時ごろ、ダイニングに家族みんなで集まって食べる。
メニューはチャツネ、にんじん、じゃがいも、チャパティ、ヨーグルト。
飲み物は水。

ペルー
7時ごろ家族全員そろって食べる。
白いごはん、ゆでたキャッサバ、チキンの煮こみ。
それにコーヒーを飲む。

夜のすごしかた

ロシア
お父さんと
チェスをするよ。

インド
妹とふたりで、
カロムという
ボードゲームを
する。

ウガンダ
家族で
ゆっくりする。

イラン
テレビで
アニメを
みてるよ。

ペルー
弟の宿題を
みてやるんだ。

イタリア
お父さんといっしょに
プラモデルをつくる。

日本
お母さんといっしょに
なぞときの本を読むの。

37

ペルー
板をならべたうえに、
毛布を3まい重ねてしいて、
妹といっしょにおやすみなさい。

イタリア
自分の部屋の木のベッドで、おやすみなさい。
冬だけは、ダウンケットをかけるんだ。

イラン
ぼくの部屋の
木のベッドで
おやすみなさい。
お気に入りの
かけぶとんで。

日本
ゆかにふとんをしいて、
妹とならんで
おやすみなさい。

おやすみなさい

インド
お父さん、お母さん、妹といっしょの
大きなベッドでおやすみなさい。

ウガンダ
お父さんとお母さんと
いっしょの部屋で、かやをつった
木のベッドでおやすみなさい。

ロシア
弟といっしょの部屋で、
ロフトベッドにひとりで
おやすみなさい。

家からみえる夜の空

ペルー

ウガンダ

7つの家族を紹介します

この本では、じっさいにこの地球でくらす7人の子どもの、ふつうの1日をおいました。みなさんがこの本を読んでいる今も、この7人は、朝ごはんを食べたり、外で遊んだりしているかもしれませんよ。

この本をつくるために、わたしたちは、何世代にもわたって同じ国に住んでいる家族をさがしました。どの家族もその国ならではのいろいろな伝統にしたがってくらしています。けれども、生まれ育った国が同じだからといって、何百万もの人が、そろってひとつのことが好きで、ひとつのことをするとはかぎりません。ペルーでは全員がサッカー好きなわけではないし、日本人がみんな朝に魚を食べるわけでもありません。あなたとあなたの友達とでは、毎日すると決めているお手伝いがちがうし、着るものもちがうでしょう。それと同じことです。

この子どもたちが、その国や文化の代表だとはいえません。けれども、こうしてじっさいに7人の毎日の生活をのぞいてみると、自分とはちがうくらしや伝統があると気づくことができます。それはすばらしいことです。

ロシア

43

用語集

はじめまして
[P2-3]

アブウォーリー……ウガンダのトロ族の言葉であるトロ語で「猫のような、おもいやりがある、女性らしい」という意味。トロ族では子どもが生まれるとすぐに、その子どもにあった「よび名」がつけられる。これは、よく使われる12のよび名のうちのひとつ。

住んでいるところ
[P4-5]

鉱業……地表や地下から宝石や役にたつ鉱石をとりだす仕事。

アマゾンの熱帯雨林……南アメリカの約370万平方キロメートルをしめ、世界一広く、また生物の種類が多い熱帯雨林。1万5000種の木が育ち、1000種の鳥、2200種の魚がすんでいる。

木と泥でできた家……ウガンダには、家を木と泥でつくる文化がある。木のくいを60センチの間隔で地面にうち、あいだにそれより短いアシをならべて骨組みをつくる。その骨組みを泥でかためて壁にする。上にのせる屋根は金属でできていることが多い。この家はたいてい10年から15年はもつ。

カスピ海……ヨーロッパとアジアのあいだにある塩水の湖。世界一広い湖といわれている。

ガンジス川……インド北部とバングラデシュを流れる。ヒンズー教の神を信じる人々からもっとも大事にされている聖なる川。

うちの朝ごはん
[P10-11]

バルバリ……イランの平たくどっしりしたパン。フェタチーズのような塩気のあるチーズといっしょに食べることが多い。

フェタチーズ……ヤギやヒツジの乳からつくられる、塩気の多いギリシャ産のチーズ。

プランテン……でんぷんが多く、あまりあまくないバナナの一種。ふつうは料理に使う。あげても、煮ても、焼いてもおいしい。

マトケ……ウガンダとそのまわりの国々に昔からある、あまくないバナナの一種。ウガンダではこれをマトケとよぶ。まだ青いうちにもいだものを、蒸してつぶす。

ヌテラ……ヘーゼルナッツとチョコレートの味がするあまいペーストで、パンにぬって食べる。イタリアのフェレロ社の商品。

パニールパラタ……のばした生地のあいだにカッテージチーズをはさんで焼く平たいパン。

チャツネ……インドの薬味。野菜や果物をスパイス、さとう、酢などで味つけしてジャムのように煮たもの。

カーシャ……ロシア語で「おかゆ」の意味。水や牛乳に穀物を入れて煮たものは、すべてこうよばれる。

ファーマーチーズ……カッテージチーズをおしかためたもの。

毎日の通学路
[P12-15]

イレメリ山……標高1589メートルの山。ウラル山脈南部にある。

学校の先生
[P16-17]

スウェトラナ・アナトーリイェヴナ……ロシアでは失礼がないように相手をよぶとき、相手の名前のあとに、その人の父親の名前を少しかえてつける。この先生の父親の名前はアナトリイなので、それを少しかえたアナトーリイェヴナをつけてよばれている。

ハーノム・モアッレム……ペルシャ語で、「ハーノム」は女の人の苗字や名前につける「さん」という意味、「モアッレム」は「先生」という意味。

授業のようす
[P18-21]

広い知識……インドの学校の教科。ほかの国の文化、地理、政治について学ぶ。

価値教育……インドの一部の学校にある教科で、基本的な礼儀と道徳を習う。

バシキール語……トルコ語と関係の深い言葉。ロシアで約120万人が使っている。その多くはウラル山脈に近いバシコルトスタン共和国に住んでいる。

男子校……イランの小学生は、宗教の決まりにより男子と女子が分かれて勉強している。

クルアーン……アラビア語で「声にだして読むもの」という意味。神が預言者ムハンマドにいったとされる、イスラム教でもっとも重要な言葉が書かれている本。日本ではコーランといわれることが多い。

昼ごはん
[P24-25]

アダスポロ……米、レンズ豆、たまねぎ、レーズン、スパイスでつくるイランの豆ごはん。野菜だけのことも、牛ひき肉を入れることもある。

カーシャ ▶▶▶「うちの朝ごはん」

プランテン ▶▶▶「うちの朝ごはん」

チャパティ……イーストなどのパン種を入れない平らなパン。生地を両手ではさんでたたきながらつくるため、ヒンディー語で「たたく」という意味の「チャパット」がもととなってこの名がついた。

セージ……イタリア料理でよく使われるハーブ。ミントのなかまで、葉はかおりがいい。口に入れるとカビのようなにおいがするが、あまさもある。

マトケ ▶▶▶「うちの朝ごはん」

放課後
[P26-29]

ルマル・チョール……ヒンディー語で「ハンカチどろぼう」という意味。日本のハンカチ落としと同じような遊び。みん

なで歌をうたいながら、まるくなってすわり、そのうちのひとりの後ろに「どろぼう」がそっとハンカチを落とす。ハンカチをみつけた人はどろぼうをおいかける。どろぼうはつかまる前に、その人がぬけた場所にすわる。

うちの夕ごはん
[P32-35]

カトリェーティ……ひき肉、牛乳にひたしたパン、たまねぎ、にんにくをまぜてまるめ、フライパンに油をひいて焼いたもの。

オラディ……ロシアで昔から食べられている小さなパンケーキ。発酵乳を使うため、くせのある味になる。

ボロネーゼソース……イタリアのボローニャという地名にちなんで名づけられた、肉を煮こんだソース。基本的な材料はトマト、たまねぎ、セロリ、にんじん、牛ひき肉（ぶた肉を使うこともある）。とろっとなるまで長い時間煮つめる。

ベシャメルソース……フランス料理で使われるホワイトソース。バター、小麦粉、牛乳でつくる。

マトケ ▶▶▶「うちの朝ごはん」

ジーナッツ（gナッツ）……ピーナッツの別名のグラウンドナッツ（groundnuts）をちぢめた言いかた。ジーナッツをすって煮たソースをいもやマトケなどの主食にかけたものは、ウガンダではおなじみの料理。

チャツネ ▶▶▶「うちの朝ごはん」

チャパティ ▶▶▶「昼ごはん」

キャッサバ……長くて先が細い、根を食べる野菜。でんぷんを多くふくむ。火をとおしてつぶして食べるか、粉にして使う。

夜のすごしかた
[P36-37]

カロム……平たい玉を使うビリヤードのようなボードゲーム。手玉をはじいてほかの玉にぶつけ、すみにある4つのポケットに落とす。

作者から

ぼくがウガンダを旅行していたときのできごとです。ジャングルをガイドの人とおしゃべりしながら歩いていると、ふいにその人が、「ゾウの鳴き声には気をつけてください」といいだしました。「もし、鳴き声がきこえたら、すぐに回れ右して、とにかくいそいでにげること。ゾウは危険です」と。そのあとすぐに、ぼくたちは、またお気にいりのスマホアプリの話を始めたのです。

ぼくは、ウガンダが自分の住んでいる場所とこんなにもちがっていて、こんなにも同じだということにおどろきました。出会った人たちとぼくとは、同じようなことをたくさんしてきていました（たとえば、先生にみつかりませんようにと願いながら、授業中ぼんやりしていたこと）。けれども同時に、ウガンダではぼくが夢にもおもわぬできごとを耳にしました（たとえば、窓に鍵をかけずに外出したら、ヒヒに家のなかをあらされたこと）。

地球は大きくて、そこにはものすごい数の人がいて、それぞれの習慣通りにくらしています。ふつうは、遠くの国に住む人が毎日なにをしているのかなど知らずに。でも、ほかの人たちについて多くのことがわかってくると、自分をその人たちと同じ線上にならべてみるようになります。すると、その人たちのすることを理解しようという気持ちがわいてくる。そんなことを考えるうちに、ぼくはだんだん世界中にくらす子どもたちの今を比べてみたくなりました。この本を読んでくれるみなさんに、ぼくらがたがいにまったくちがうということを知ってもらいながら、同時にこんなにも同じなんだとおどろいてほしいのです。

友達（とその友達の友達の友達）と家族の助けをかりて、この本のために自分の1日を見せてくれる7人の子どもをみつけることができました。次に、ぼくが、それぞれのページにはこんな写真と情報がほしいといった、ご家族にお願いしたい事柄を細かくまとめました。なかには、英語を話さない国の方々もいたので、別の言葉に訳してくれる人も探しました。家族のみなさんは、朝食、家、教室、家族をありのままに写真にとってくれました。やりとりはメールがほとんどで、たまにメッセンジャーアプリも使いました。こうして送ってもらった写真をもとに、ぼくがすべての絵をかき、この本ができたのです。

マット・ラマス